Impressum
Verlag: BABADADA GmbH, Nedderfeld 112 , 22529 Hamburg
Geschäftsführer / Verlagsleitung: Harald Hof
Druck: Books on Demand GmbH, In de Tarpen 42, 22848 Norderstedt

Imprint
Publisher: BABADADA GmbH, Nedderfeld 112 , 22529 Hamburg, Germany
Managing Director / Publishing direction: Harald Hof
Print: Books on Demand GmbH, In de Tarpen 42, 22848 Norderstedt, Germany

escola

skole

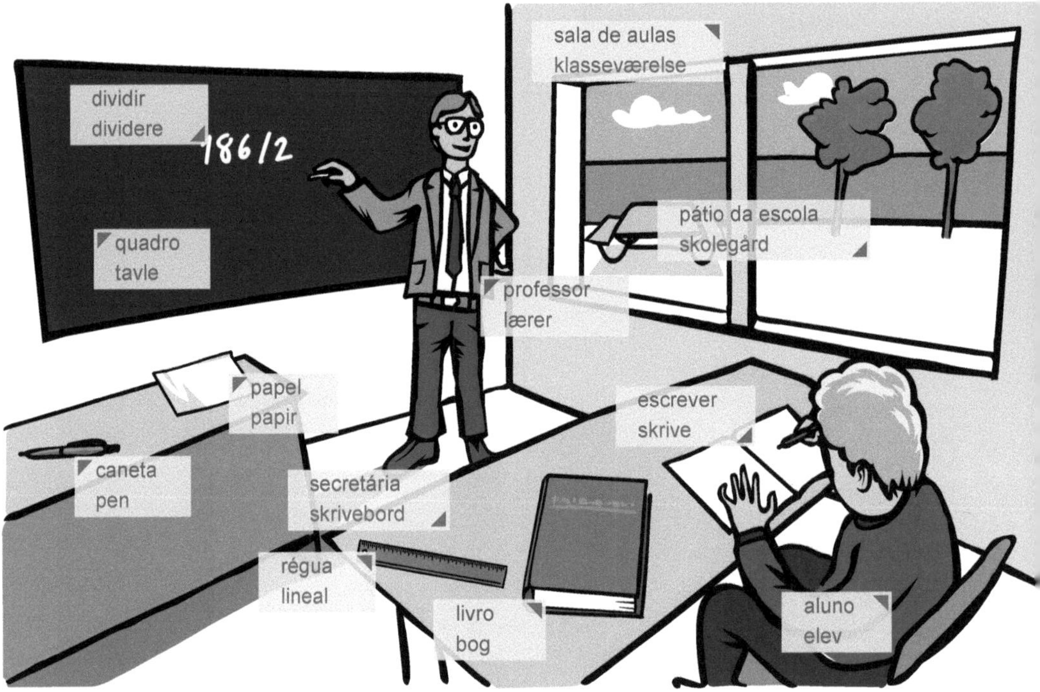

sala de aulas
klasseværelse
dividir
dividere
186/2
quadro
tavle
pátio da escola
skolegård
professor
lærer
papel
papir
escrever
skrive
caneta
pen
secretária
skrivebord
régua
lineal
livro
bog
aluno
elev

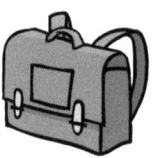

mochila
skoletaske

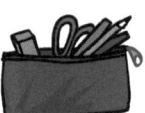

estojo de lápis
penalhus

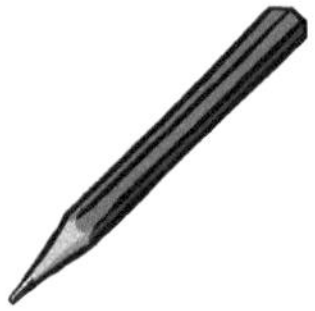

lápis
blyant

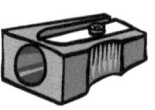

afia-lápis
blyantspidser

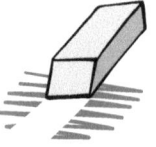

borracha
viskelæder

bloco de desenho
tegneblok

desenho

tegning

pincel

pensel

caixa de tintas

æske med vandfarver

tesoura

saks

cola

lim

livro de exercícios

opgavehefte

trabalhos de casa

lektie

número

tal

somar

addere

subtrair

subtrahere

multiplicar

multiplicere

calcular

regne

letra

bogstav

alfabeto

alfabet

palavra

ord

texto

tekst

ler

læse

giz

kridt

hora

time

registo de presenças

klasseprotokol

exame

eksamen

certificado

karakterbog

uniforme escolar

skoleuniform

educação

uddannelse

enciclopédia

leksikon

universidade

universitet

microscópio

mikroskop

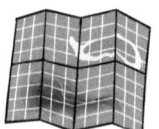

mapa

kort

cesto de lixo

papirkurv

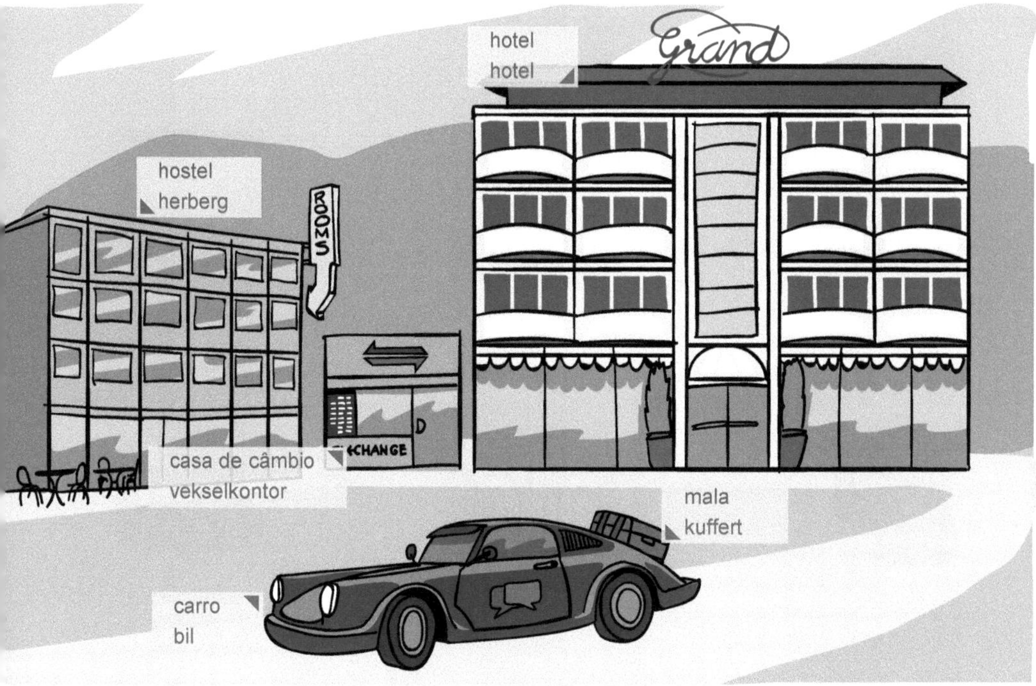

hotel
hotel
Grand
hostel
herberg
ROOMS
EXCHANGE
casa de câmbio
vekselkontor
mala
kuffert
carro
bil

idioma

sprog

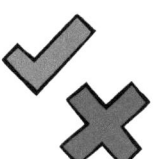

sim / não

ja / nej

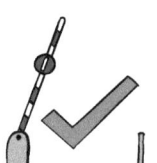

ok / certo / correto

okay

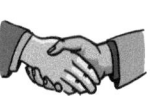

olá

hej

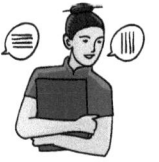

intérprete

oversætter

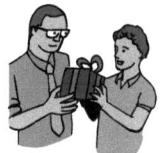

obrigado

tak

quanto é que custa... ?

hvad koster...?

não entendo

Jeg forstår ikke

problema

problem

boa noite!

God aften!

Bom dia!

God morgen!

Boa noite!

God nat!

adeus

farvel

direção

retning

bagagem

bagage

saco

taske

mochila

rygsæk

convidado

gæst

quarto

værelse

saco-cama

sovepose

tenda

telt

informação turística

turistinformation

praia

strand

cartão de crédito

kreditkort

pequeno-almoço

morgenmad

almoço

middagsmad

jantar

aftensmad

bilhete

billet

elevador

elevator

selo postal

frimærke

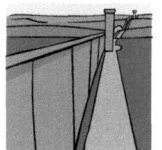

fronteira

grænse

alfândega

told

embaixada

ambassade

visto

visum

passaporte

pas

transporte
transport

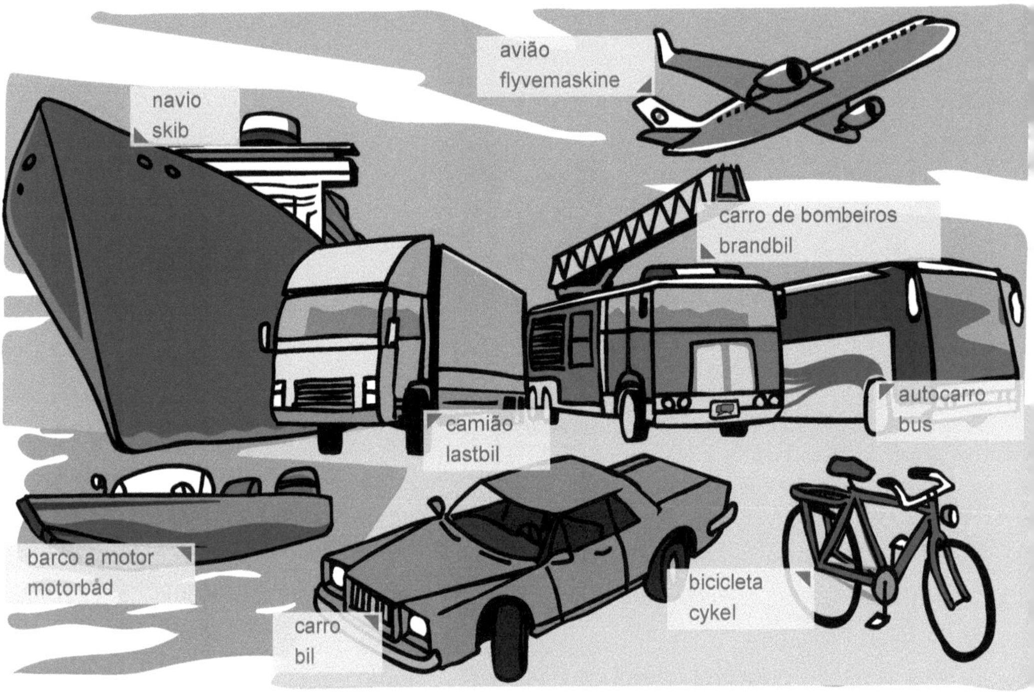

avião
flyvemaskine
navio
skib
carro de bombeiros
brandbil
autocarro
bus
camião
lastbil
barco a motor
motorbåd
bicicleta
cykel
carro
bil

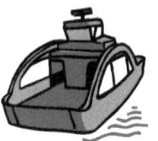

cacilheiro

færge

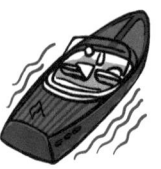

barco

båd

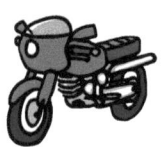

mota

motorcykel

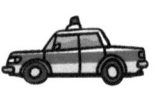

carro de polícia

politibil

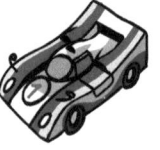

carro de corrida

racerbil

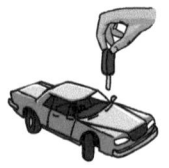

carro alugado

lejebil

carsharing

samkørsel

camião de reboque

kranbil

camião do lixo

skraldebil

motor

motor

combustível

benzin

estação de serviço

tankstation

sinal de trânsito

trafikskilt

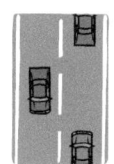

trânsito

trafik

congestionamento de trânsito

trafikprop

parque de estacionamento

parkeringsplads

estação ferroviária

banegård

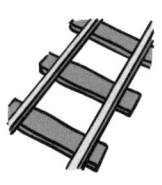

carris

skinner

comboio

tog

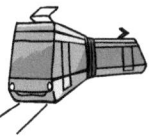

elétrico

sporvogn

carruagem

wagon

helicóptero

helikopter

aeroporto

lufthavn

torre

tårn

passageiro

passager

contentor

container

caixa de papelão

karton

carrinho

kærre

cesto

kurv

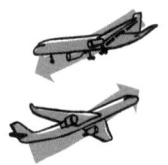

levantar voo / aterrar

starte / lande

cidade

by

aldeia

landsby

centro da cidade

bymidte

casa

hus

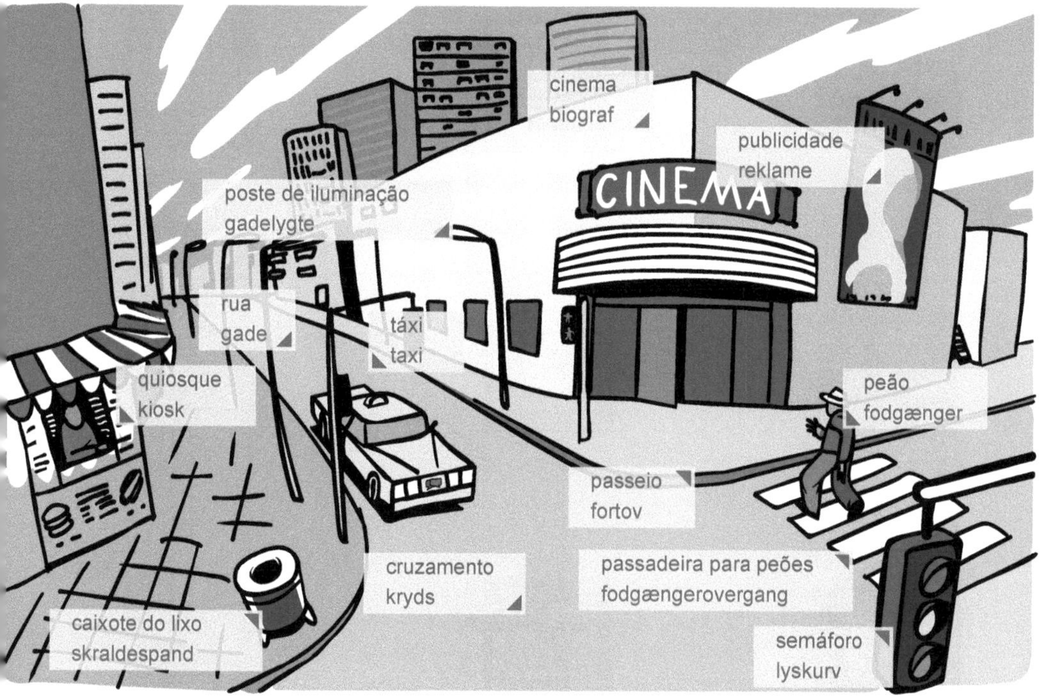

cinema
biograf

publicidade
reklame

poste de iluminação
gadelygte

rua
gade

táxi
taxi

quiosque
kiosk

peão
fodgænger

passeio
fortov

cruzamento
kryds

passadeira para peões
fodgængerovergang

caixote do lixo
skraldespand

semáforo
lyskurv

cabana

hytte

apartamento

lejlighed

estação ferroviária

banegård

câmara municipal

rådhus

museu

museum

escola

skole

universidade

universitet

banco

bank

hospital

sygehus

hotel

hotel

farmácia

apotek

escritório

kontor

livraria

boghandel

loja

butik

florista

blomsterbutik

supermercado

supermarked

mercado

marked

loja de departamentos

stormagasin

peixaria

fiskehandler

centro comercial

butikscenter

porto

havn

parque
park

banco
bænk

ponte
bro

escadas
trappe

metro
undergrundsbane

túnel
tunnel

paragem de autocarro
busstoppested

bar
barnevogn

restaurante
restaurant

caixa de correio
postkasse

sinal de trânsito
vejskilt

parquímetro
parkometer

jardim zoológico
zoo

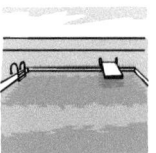

piscina
badeanstalt

mesquita
moske

quinta
bondegård

poluição
miljøforurening

cemitério
kirkegård

igreja
kirke

parque infantil
legeplads

templo
tempel

paisagem
landskab

folha
blad

placa de sinalização
vejviser

caminho
vej

prado
eng

pedra
sten

árvore
træ

caminhantes
vandrer

rio
flod

relva
græs

flor
blomst

vale
dal

montanha
bjerg

lago
sø

floresta
skov

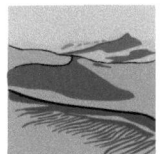

deserto
ørken

vulcão
vulkan

castelo
slot

arco-íris
regnbue

cogumelo
svamp

palma
palme

mosquito
moskito

mosca
flue

formiga
myre

abelha
bi

aranha
edderkop

besouro
bille

sapo
frø

esquilo
egern

ouriço
pindsvin

lebre
hare

coruja
ugle

pássaro
fugl

cisne
svane

javali
vildsvin

veado
hjort

alce
elg

barragem
dæmning

turbina eólica
vindmølle

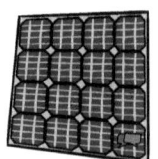

painel solar
solcellemodul

clima
klima

restaurante
restaurant

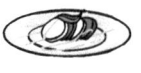

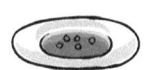

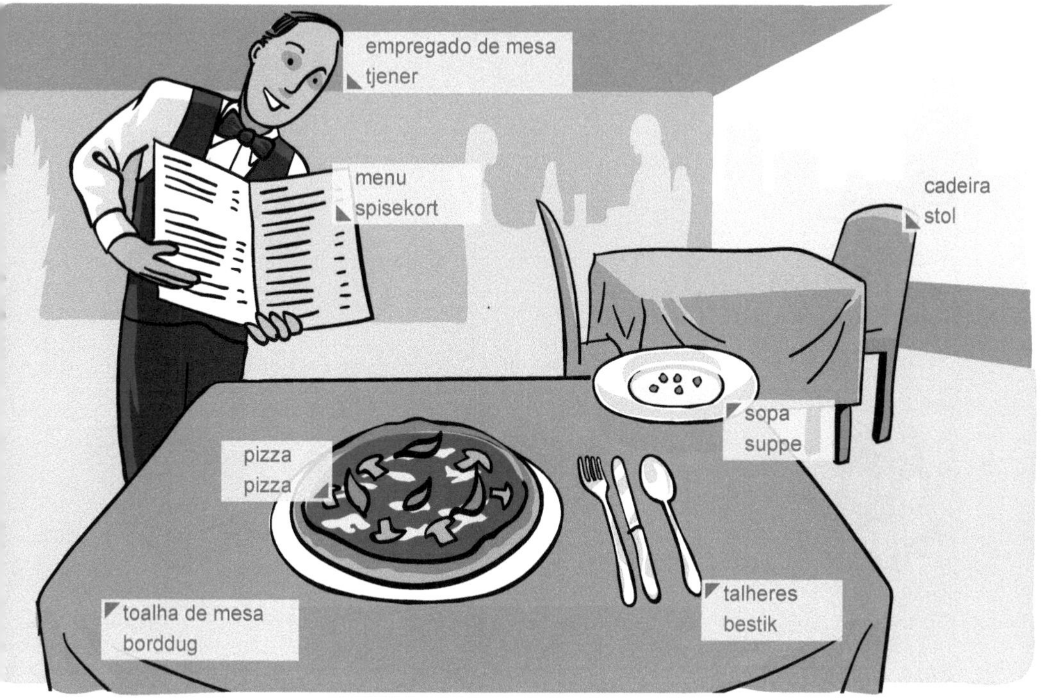
empregado de mesa
tjener
menu
spisekort
cadeira
stol
sopa
suppe
pizza
pizza
toalha de mesa
borddug
talheres
bestik

entrada
forret

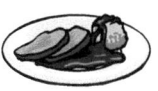

prato principal
hovedret

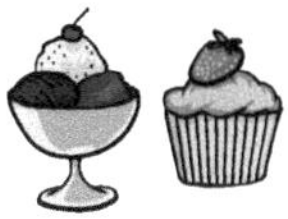

sobremesa
dessert

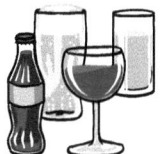

bebidas
drikkevarer

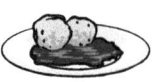

comida
mad

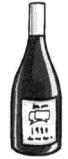

garrafa
flaske

fast food

fastfood

comida de rua

streetfood

bule de chá

tekande

açucareiro

sukkerdåse

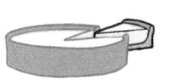

porção

portion

máquina de café expresso

espressomaskine

cadeira alta

barnestol

conta

faktura

bandeja

tablet

faca

kniv

garfo

gaffel

colher

ske

colher de chá

teske

guardanapo

serviet

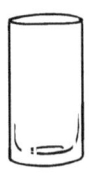

copo

glas

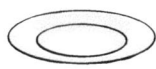

prato
tallerken

prato de sopa
dyb tallerken

pires
underkop

molho
sovs

saleiro
saltbøsse

moinho de pimenta
peberkværn

vinagre
eddike

óleo
olie

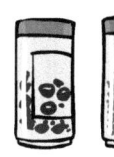

especiarias
krydderier

ketchup
ketchup

mostarda
sennep

maionese
mayonnaise

supermercado
supermarked

oferta especial
tilbud
FOR
cliente
kunde
laticínios
mælkeprodukter
fruta
frugt
carrinho de compras
indkøbsvogn

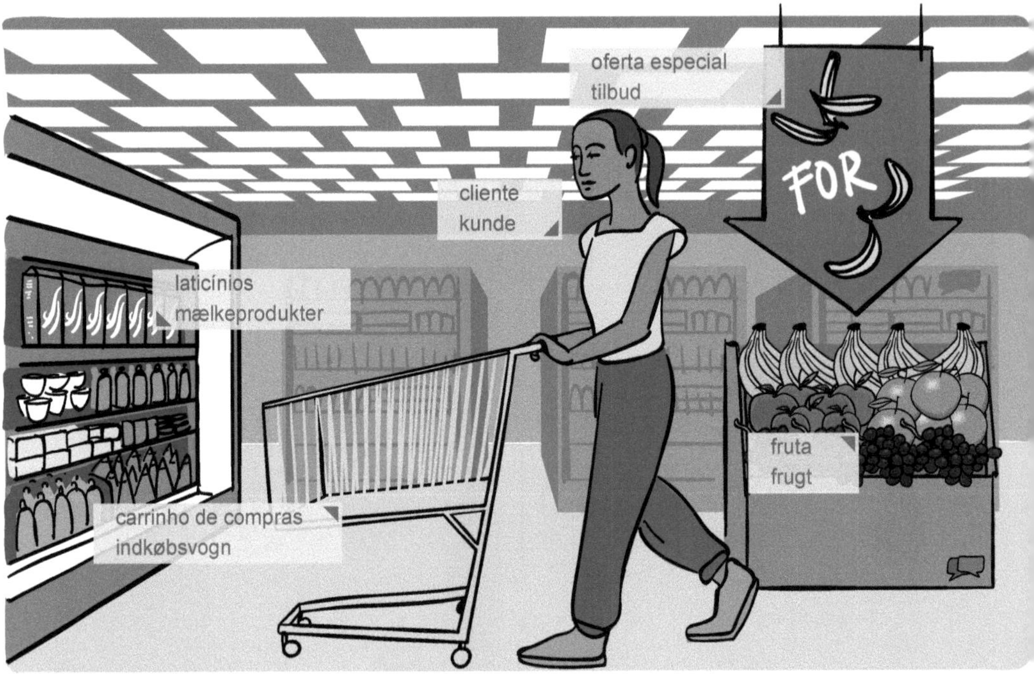

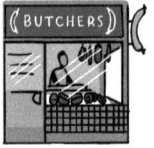

BUTCHERS

talho

slagter

BAKERY

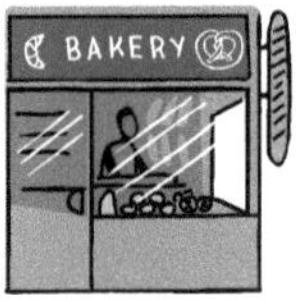

padaria

bageri

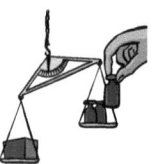

pesar

veje

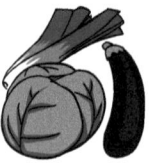

vegetais

grøntsager

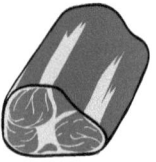

carne

kød

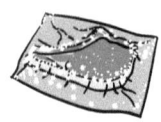

alimentos congelados

frostvarer

charcutaria

pålæg

comida enlatada

konserves

detergente em pó

vaskemiddel

doces

slik

artigos domésticos

husholdningsvarer

produtos de limpeza

rengøringsmidler

vendedora

ekspedient

caixa

kasse

caixa

kasserer

lista de compras

indkøbsliste

horário de funcionamento

åbningstider

carteira

tegnebog

cartão de crédito

kreditkort

saco

taske

saco de plástico

plasticpose

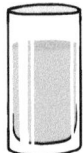

água
vand

sumo
saft

leite
mælk

coca-cola
cola

vinho
vin

cerveja
øl

álcool
alkohol

cacau
kakao

chá
te

café
kaffe

café expresso
espresso

capuccino
cappuccino

banana

banan

maçã

æble

laranja

appelsin

melão

melon

limão

citron

cenoura

gulerod

alho

hvidløg

bambu

bambus

cebola

løg

cogumelo

svamp

nozes

nødder

talharim

nudler

esparguete

spaghetti

arroz

ris

salada

salat

batatas fritas

pomfritter

batatas fritas

stegte kartofler

pizza

pizza

hambúrguer

hamburger

sanduíche

sandwich

bife panado

schnitzel

fiambre

skinke

salame

salami

salsicha

pølse

galinha

kylling

assado

steg

peixe

fisk

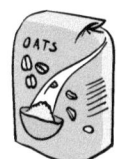

flocos de aveia

havregryn

muesli

mysli

flocos de milho

cornflakes

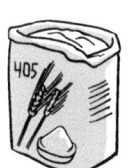

farinha

mel

croissant

croissant

carcaça (pãozinho)

rundstykke

pão

brød

torrada

toast

biscoitos

kiks

manteiga

smør

requeijão

kvark

bolo

kage

ovo

æg

ovo estrelado

spejlæg

queijo

ost

gelado
is

açúcar
sukker

mel
honning

compota
marmelade

creme de nougat
nougat-creme

caril
karry

quinta
bondegård

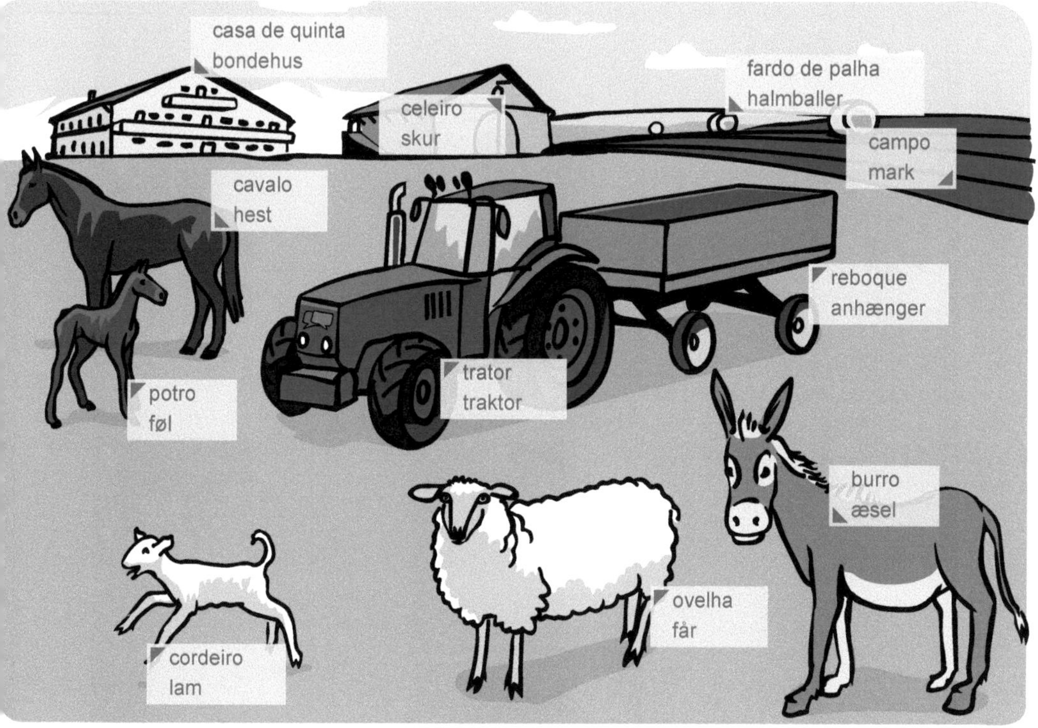
casa de quinta
bondehus
celeiro
skur
fardo de palha
halmballer
campo
mark
cavalo
hest
reboque
anhænger
trator
traktor
potro
føl
burro
æsel
ovelha
får
cordeiro
lam

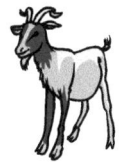

cabra
ged

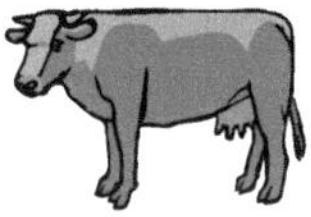
vaca
ko

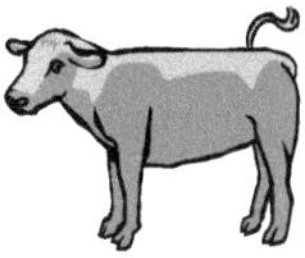
bezerro
kalv

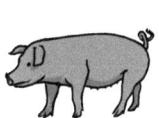

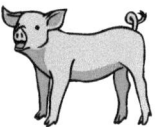

porco
svin

leitão
gris

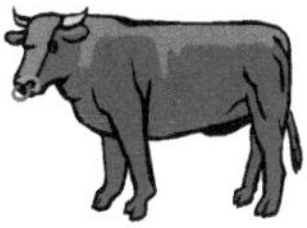
touro
tyr

ganso

gås

pato

and

pintaínho

kylling

galinha

høne

galo

hane

ratazana

rotte

gato

kat

rato

mus

boi

okse

cão

hund

casota

hundehus

mangueira de jardim

haveslange

regador

vandkande

foice

le

arado

plov

foice

segl

enxada

hakkejern

forquilha

møggreb

machado

økse

carrinho de mão

trillebør

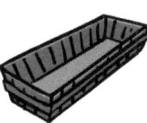

manjedoura

trug

jarro de leite

mælkekande

saco

sæk

cerca

hæk

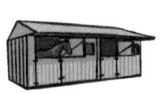

estábulo

stald

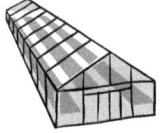

estufa

drivhus

solo

jord

semente

frø

fertilizante

gødning

ceifeira-debulhadora

mejetærsker

colher

høste

colheita

høst

inhame

yams

trigo

hvede

soja

soja

batata

kartoffel

milho

majs

colza

raps

árvore de fruto

frugttræ

mandioca

maniok

cereais

korn

casa
hus

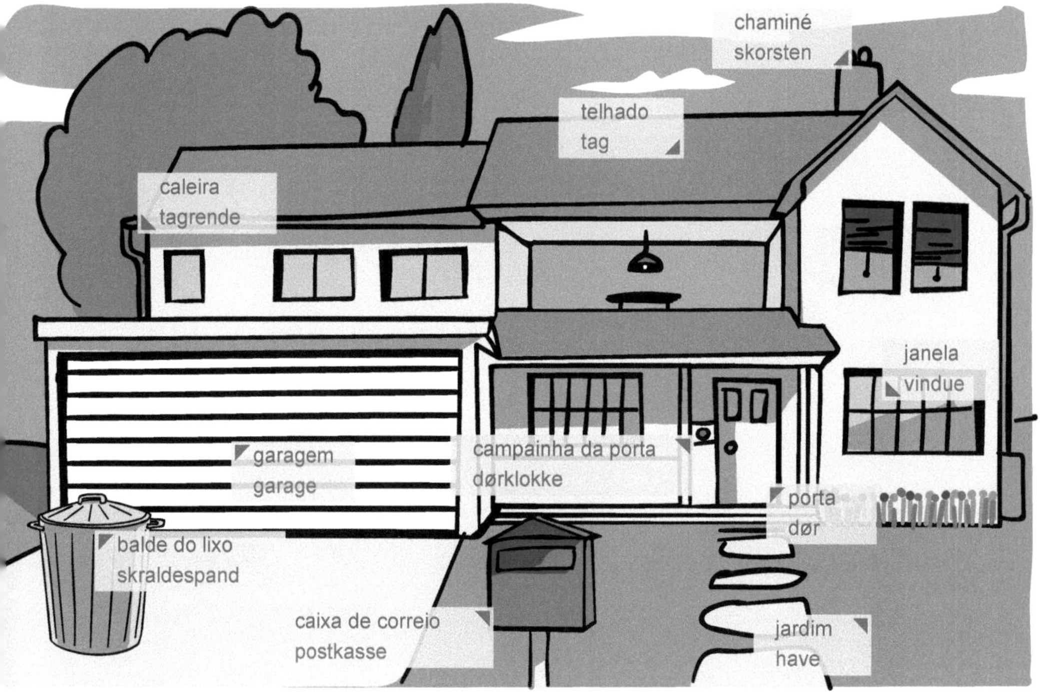

chaminé
skorsten
telhado
tag
caleira
tagrende
janela
vindue
garagem
garage
campainha da porta
dørklokke
porta
dør
balde do lixo
skraldespand
caixa de correio
postkasse
jardim
have

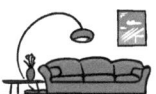

sala de estar

stue

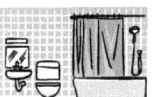

casa de banho

badeværelse

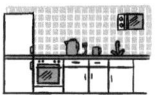

cozinha

køkken

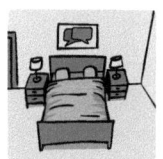

quarto de dormir

soveværelse

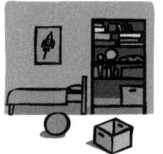

quarto de criança

børneværelse

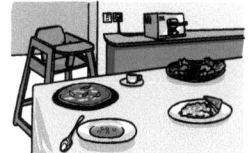

sala de jantar

spisestue

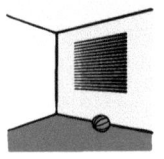

chão
·················
gulv

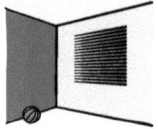

parede
·················
væg

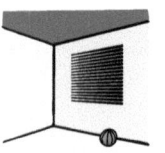

teto
·················
loft

cave
·················
kælder

sauna
·················
sauna

varanda
·················
altan

terraço
·················
terrasse

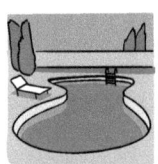

piscina
·················
svømmehal

máquina de cortar relvado
·················
plæneklipper

lençol
·················
dynebetræk

cobertor
·················
dyne

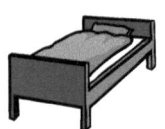

cama
·················
seng

vassoura
·················
kost

balde
·················
spand

interruptor
·················
kontakt

sala de estar
stue

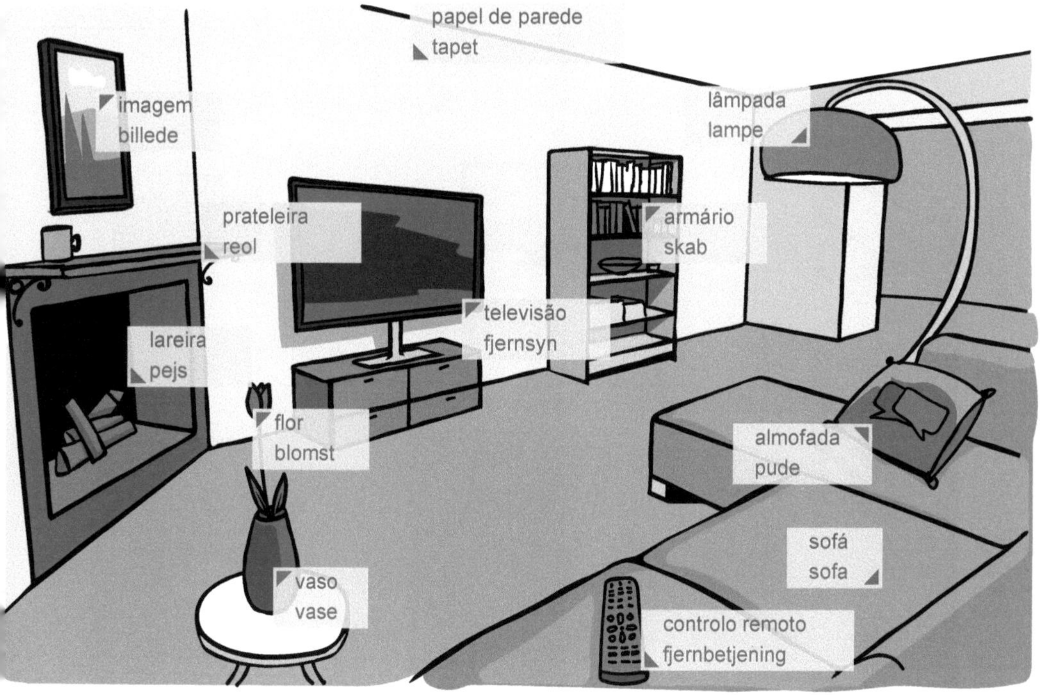

papel de parede
tapet
imagem
billede
lâmpada
lampe
prateleira
reol
armário
skab
televisão
fjernsyn
lareira
pejs
flor
blomst
almofada
pude
sofá
sofa
vaso
vase
controlo remoto
fjernbetjening

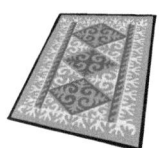

tapete

gulvtæppe

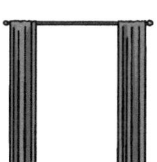

cortina

gardin

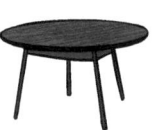

mesa

bord

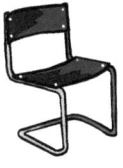

cadeira

stol

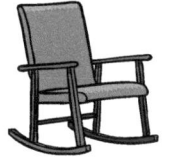

cadeira de baloiço

gyngestol

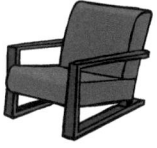

poltrona

lænestol

livro
bog

cobertor
tæppe

decoração
dekoration

lenha
brænde

filme
film

sistema estéreo
stereoanlæg

chave
nøgle

jornal
avis

pintura
maleri

póster
plakat

rádio
radio

bloco de notas
notesblok

aspirador
støvsuger

cato
kaktus

vela
lys

cozinha
køkken

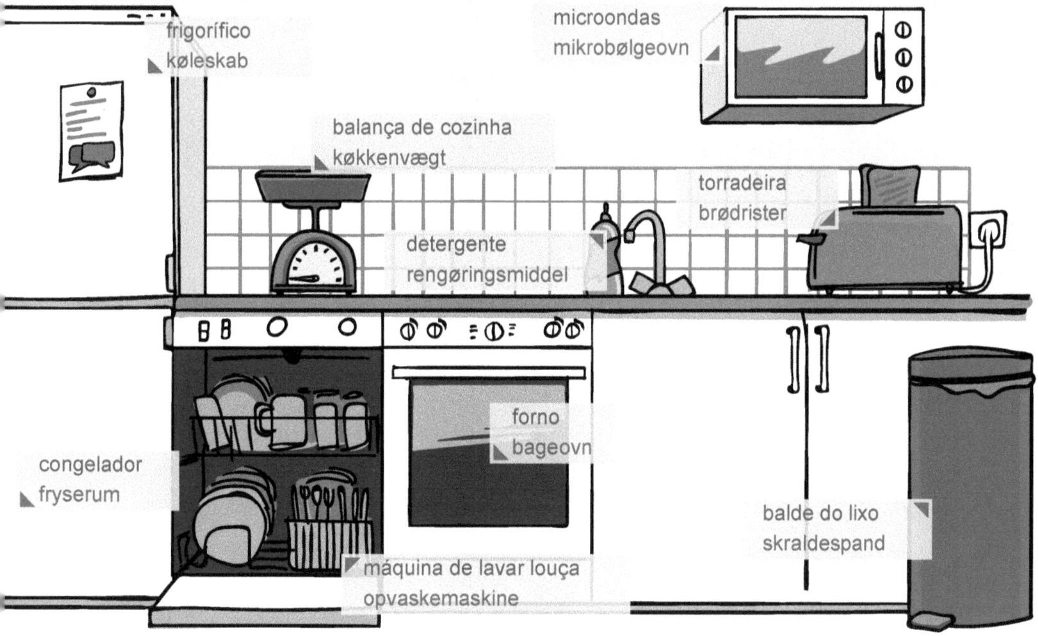

frigorífico
køleskab
microondas
mikrobølgeovn
balança de cozinha
køkkenvægt
torradeira
brødrister
detergente
rengøringsmiddel
forno
bageovn
congelador
fryserum
balde do lixo
skraldespand
máquina de lavar louça
opvaskemaskine

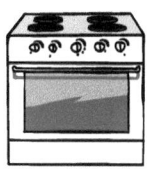

fogão
komfur

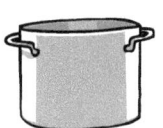

panela
gryde

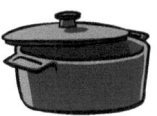

panela de ferro
jerngryde

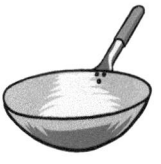

wok / kadai
wok / kadai

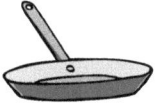

frigideira
pande

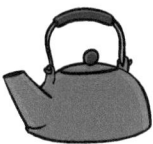

chaleira
elkedel

panela a vapor

dampkoger

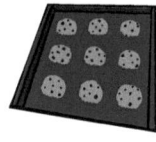

tabuleiro de forno

bageplade

louça

service

caneca

bæger

tigela

skål

pauzinhos

spisepinde

concha de sopa

øseske

espátula

paletkniv

batedor de claras

piskeris

escorredor

dørslag

peneira

si

ralador

rive

almofariz

morter

churrasqueira

grille

lareira

ildsted

tábua de cortar
skærebræt

rolo da massa
kagerulle

saca-rolhas
proptrækker

lata
dåse

abridor de latas
dåseåbner

luvas de forno
grydelap

lava-loiça
køkkenvask

escova
børste

esponja
svamp

liquidificador
blender

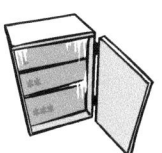

arca frigorífica
dybfryser

biberão
sutteflaske

torneira
vandhane

casa de banho
badeværelse

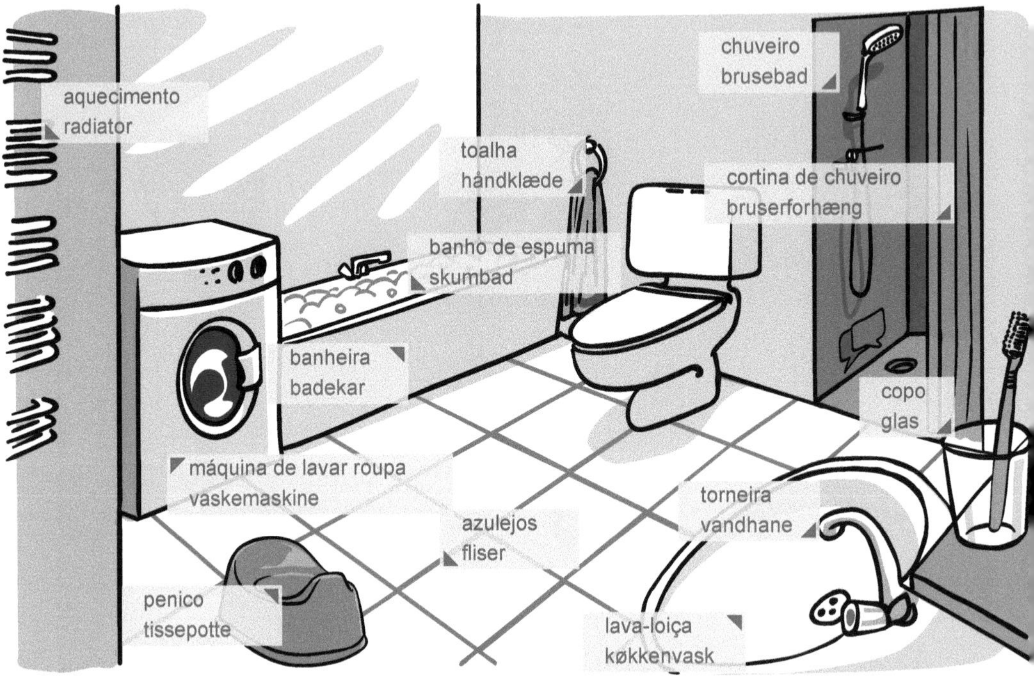
chuveiro
brusebad
aquecimento
radiator
toalha
håndklæde
cortina de chuveiro
bruserforhæng
banho de espuma
skumbad
banheira
badekar
copo
glas
máquina de lavar roupa
vaskemaskine
torneira
vandhane
azulejos
fliser
penico
tissepotte
lava-loiça
køkkenvask

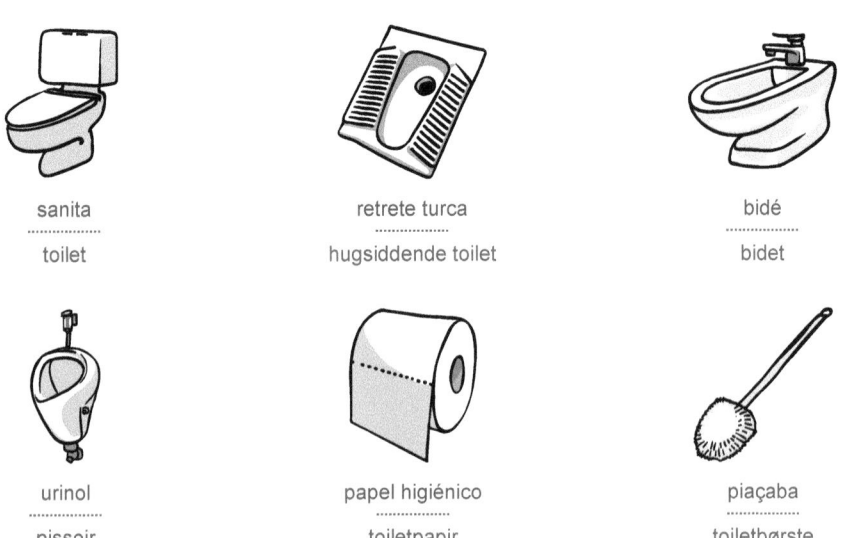

sanita

toilet

retrete turca

hugsiddende toilet

bidé

bidet

urinol

pissoir

papel higiénico

toiletpapir

piaçaba

toiletbørste

escova de dentes

tandbørste

pasta de dentes

tandpasta

fio dentário

tandtråd

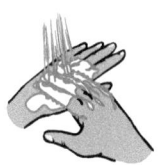

lavar

vaske

chuveiro de mão

håndbruser

duche íntimo

intimbruser

bacia

vaskefad

escova para as costas

badebørste

sabonete

sæbe

gel de banho

brusegele

champô

shampoo

toalha de rosto

vaskeklud

escoamento

afløb

creme

creme

desodorizante

deodorant

espelho

spejl

espelho de mão

kosmetikspejl

máquina de barbear

barberhøvl

creme de barbear

barberskum

loção pós-barba

barbervand

pente

kam

escova

børste

secador de cabelo

hårtørrer

spray de cabelo

hårspray

maquilhagem

makeup

batom

læbestift

verniz de unhas

neglelak

algodão

vat

tesoura para unhas

neglesaks

perfume

parfume

nécessaire
toilettaske

tamborete
skammel

balança
vægt

roupão de banho
badekåbe

luvas de borracha
gummihandsker

tampão
tampon

penso higiénico
damebind

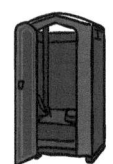

WC químico
kemisk toilet

quarto de criança
børneværelse

despertador
vækkeur
peluche
bamse
carro de brincar
legetøjsbil
chocalho
skralde
casa de bonecas
dukkehus
presente
gave

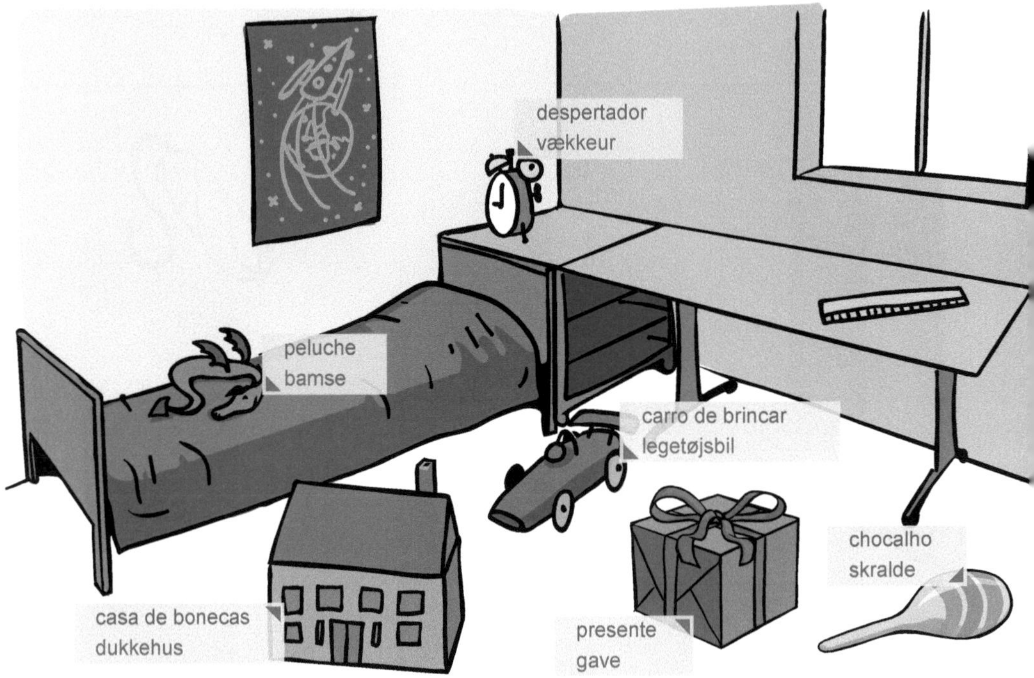

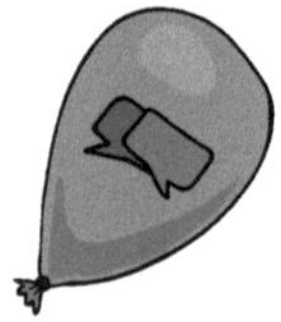

balão
ballon

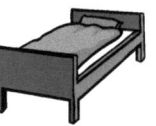

cama
seng

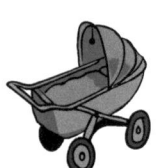

carrinho de bebé
barnevogn

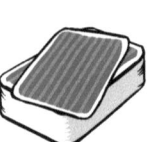

jogo de cartas
kortspil

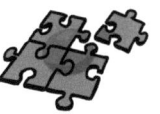

quebra-cabeças
puslespil

SUPER
MEGA

banda desenhada
tegneserie

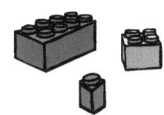

peças de Lego
legoklodser

blocos de construção
byggeklodser

figura de ação
action figur

fato de bebé
sparkedragt

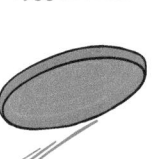

Frisbee
frisbee

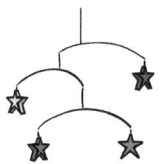

móbile para bebé
uro

jogo de tabuleiro
brætspil

dados
terning

pista de comboio elétrico
modeljernbane

chupeta
sut

festa
fest

livro ilustrado
billedbog

bola
bold

boneca
dukke

jogar
lege

caixa de areia

sandkasse

baloiço

gynge

brinquedos

legetøj

consola de jogos

spillekonsol

triciclo

trehjulet cykel

ursinho de peluche

bamse

guarda-roupa

klædeskab

vestuário

tøj

meias

sokker

meias pelo joelho

strømper

meias-calças

strømpebukser

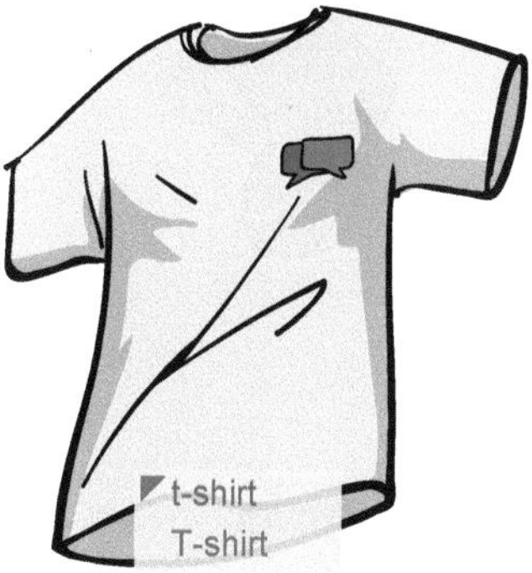

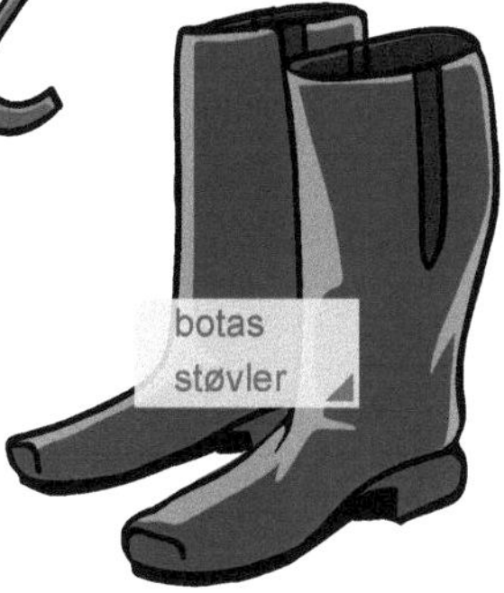

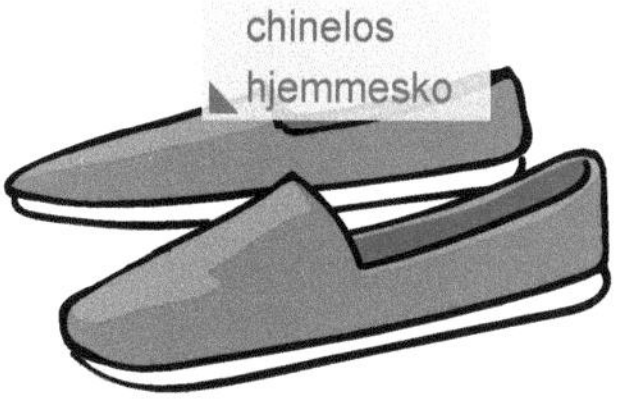

cachecol
sjal

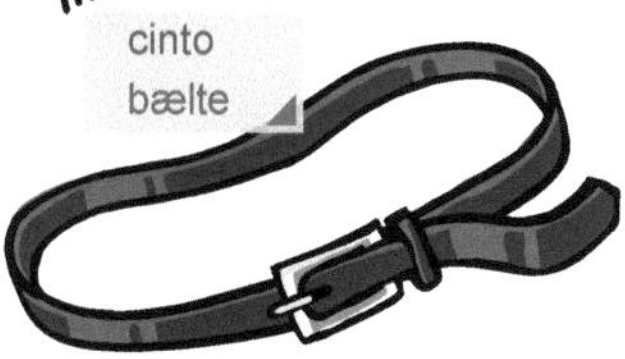

guarda-chuva
paraply

t-shirt
T-shirt

cinto
bælte

botas
støvler

chinelos
hjemmesko

sapatilhas
sneakers

sandálias

sandaler

sapatos

sko

botas de borracha

gummistøvler

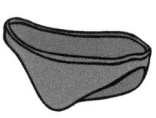

cuecas

underbukser

sutiã

BH

camisola interior

undertrøje

body
body

calças
bukser

calças de ganga
jeans

saia
nederdel

blusa
bluse

camisa
skjorte

pulôver
pullover

camisola com capuz
sweatshirt

blazer
blazer

casaco
jakke

manto
frakke

gabardina
regnfrakke

traje
kostume

vestido
kjole

vestido de casamento
brudekjole

fato

jakkesæt

camisa de dormir

nattrøje

pijama

pyjamas

sari

sari

lenço de cabeça

hovedtørklæde

turbante

turban

burca

burka

cafetã

kaftan

abaya

abaya

fato de banho

badedragt

calções de banho

badebukser

calções

korte bukser

fato de treino

træningsdragt

avental

forklæde

luvas

handsker

botão

knap

óculos

briller

pulseira

armbånd

colar

kæde

anel

ring

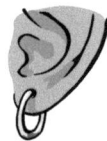

brinco

ørering

boné

hue

cabide

bøjle

chapéu

hat

gravata

slips

fecho de correr

lynlås

capacete

hjelm

suspensórios

seler

uniforme escolar

skoleuniform

uniforme

uniform

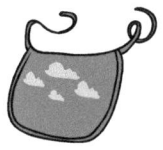

babete

hagesmæk

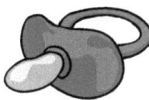

chupeta

sut

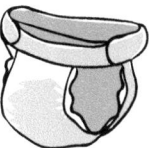

fralda

ble

escritório

kontor

servidor
server
armário de arquivo
arkivskab
papel
papir
impressora
printer
ecrã
skærm
rato
mus
secretária
skrivebord
pasta
mappe
teclado
tastatur
cesto de lixo
papirkurv
computador
computer
cadeira
stol

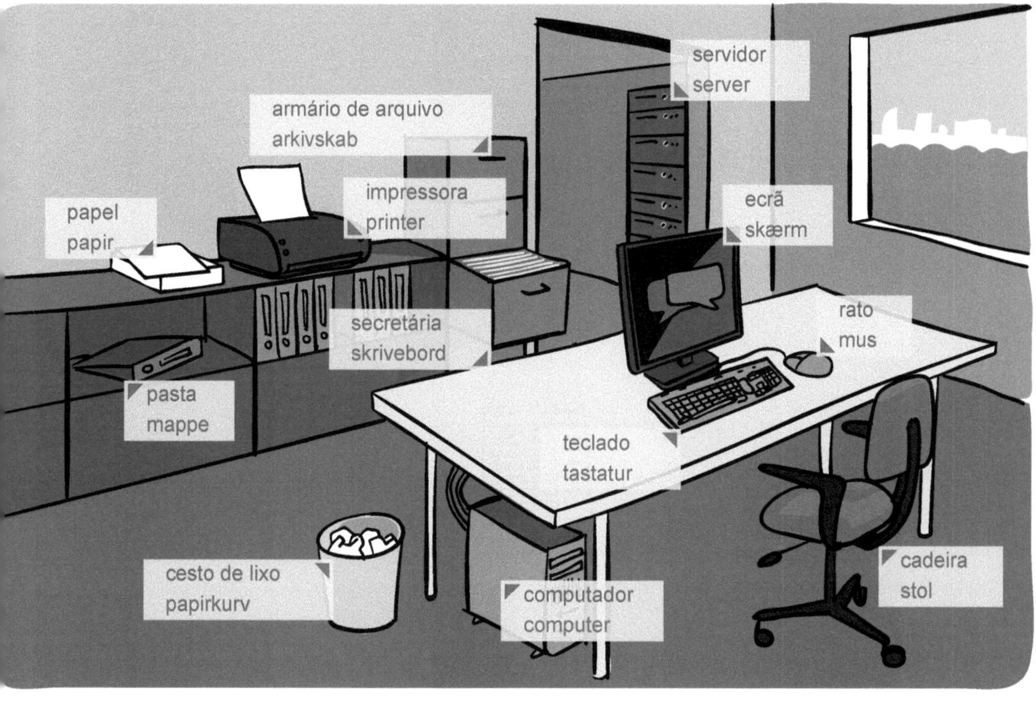

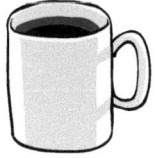

caneca de café

kaffekrus

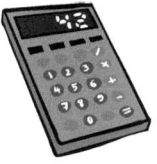

calculadora

lommeregner

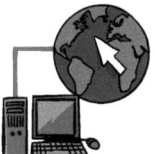

internet

internet

computador portátil

bærbar

carta

brev

mensagem

besked

telemóvel

mobil

rede

netværk

fotocopiadora

kopimaskine

software

software

telefone

telefon

tomada elétrica

stikdåse

fax

fax

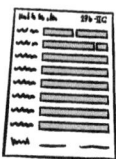

formulário

formular

documento

dokument

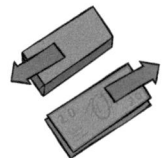

comprar
købe

pagar
betale

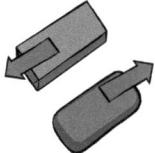

negociar
handle

dinheiro
penge

dólar
dollar

euro
euro

yen
yen

rublo
rubel

franco suíço
schweizerfranc

renminbi yuan
renminbi yuan

rupia
rupee

caixa de multibanco
hæveautomat

casa de câmbio

vekselkontor

ouro

guld

prata

sølv

petróleo

olie

energia

energi

preço

pris

contrato

kontrakt

imposto

skat

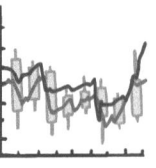

ação

aktie

trabalhar

arbejde

empregado

ansat

entidade patronal

arbejdsgiver

fábrica

fabrik

loja

butik

profissões

erhverv

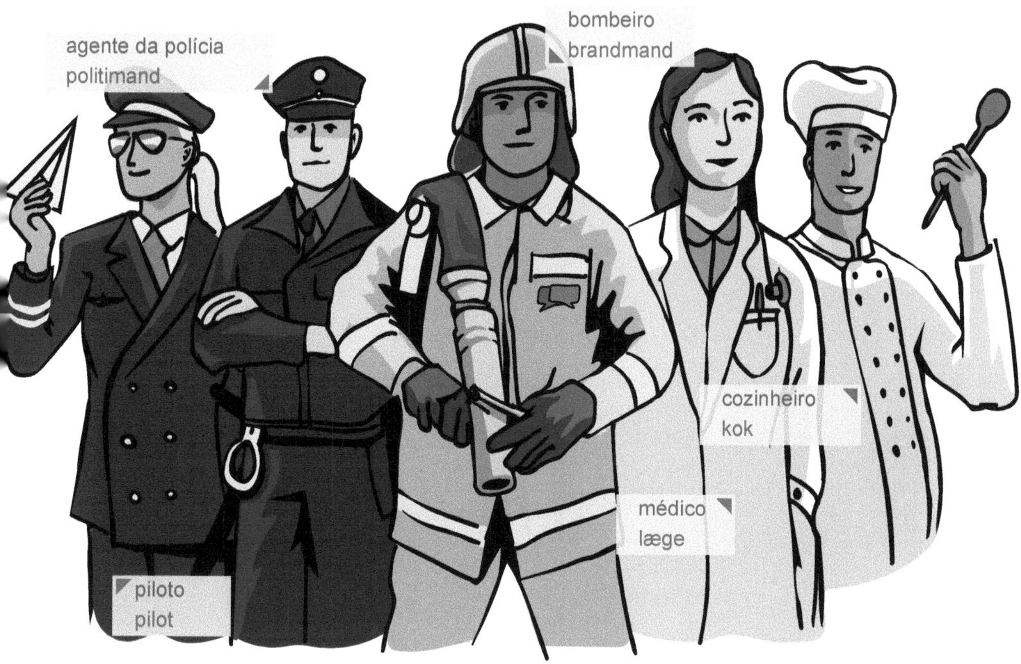
agente da polícia
politimand
bombeiro
brandmand
cozinheiro
kok
médico
læge
piloto
pilot

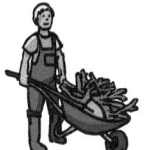

jardineiro

gartner

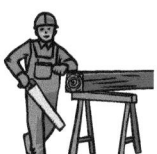

carpinteiro

tømrer

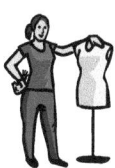

costureira

syerske

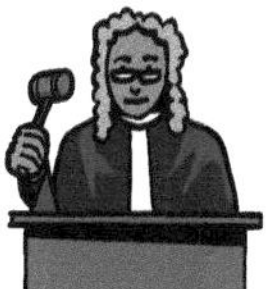

juiz

dommer

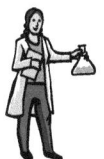

químico

kemiker

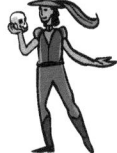

ator

skuespiller

motorista de autocarro

buschauffør

motorista de táxi

taxachauffør

pescador

fisker

empregada de limpeza

rengøringskone

telhador

tagdækker

empregado de mesa

tjener

caçador

jæger

pintor

maler

padeiro

bager

eletricista

elektriker

construtor

bygningsarbejder

engenheiro

ingeniør

talhante

slagter

canalizador

vvs-mand

carteiro

postbud

soldado
soldat

arquiteto
arkitekt

caixa
kasserer

florista
blomsterhandler

cabeleireiro
frisør

controlador de bilhetes
togfører

mecânico
mekaniker

capitão
kaptajn

dentista
tandlæge

cientista
videnskabsmand

rabino
rabbiner

imã
imam

monge
munk

pastor
præst

ferramentas

værktøj

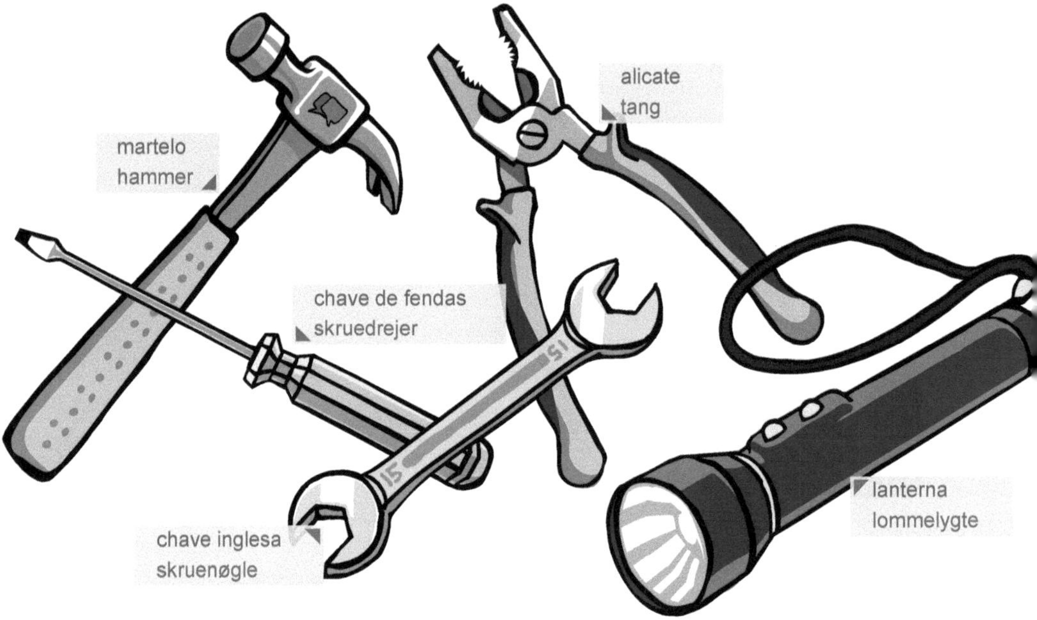

martelo
hammer
alicate
tang
chave de fendas
skruedrejer
chave inglesa
skruenøgle
lanterna
lommelygte

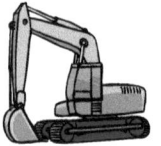

escavadora

gravemaskine

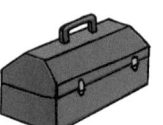

caixa de ferramentas

værktøjskasse

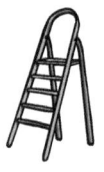

escadote

stige

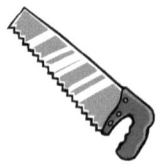

serra

sav

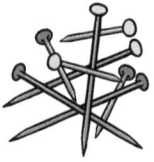

pregos

søm

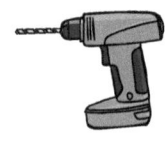

broca

bor

reparar

reparere

pá

skovl

porcaria!

Lort!

pá de lixo

fejebakke

pote de tinta

malerspand

parafusos

skruer

instrumentos musicais
musikinstrumenter

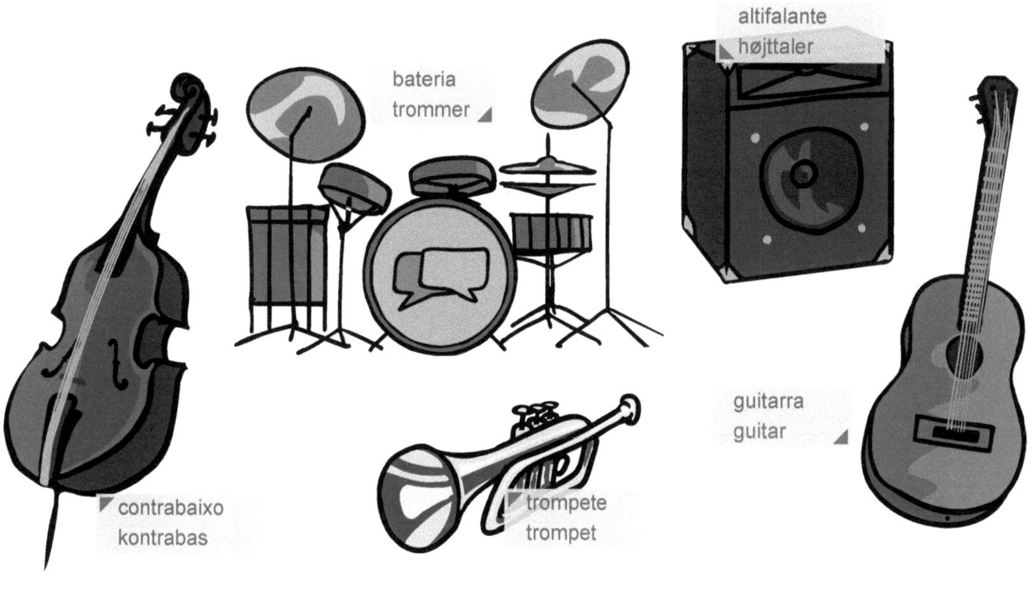

altifalante
højttaler

bateria
trommer

guitarra
guitar

contrabaixo
kontrabas

trompete
trompet

piano

klaver

violino

violin

baixo

bas

timbales

pauke

tambor

tromme

teclado

keyboard

saxofone

saxofon

flauta

fløjte

microfone

mikrofon

jardim zoológico

zoo

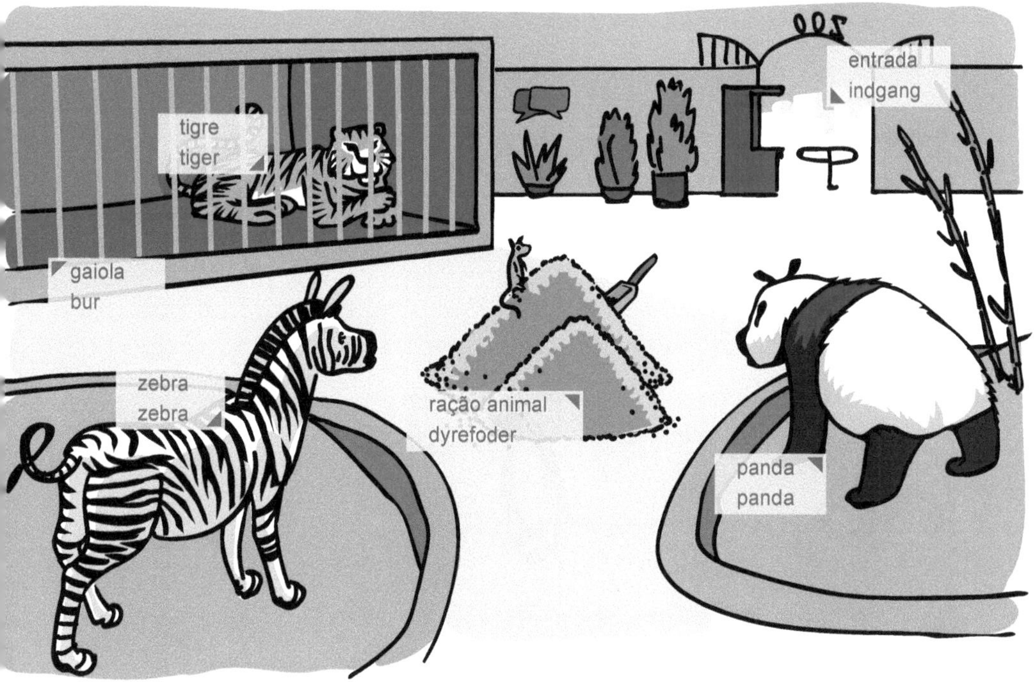

zoo
entrada
indgang
tigre
tiger
gaiola
bur
zebra
zebra
ração animal
dyrefoder
panda
panda

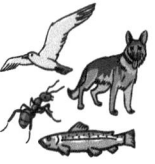

animais
dyr

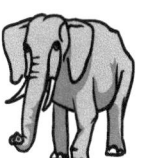

elefante
elefant

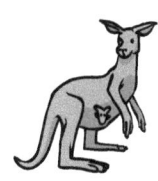

canguru
kænguru

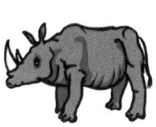

rinoceronte
næsehorn

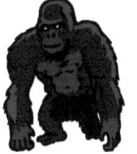

gorila
gorilla

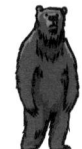

urso
bjørn

camelo

kamel

avestruz

struds

leão

løve

macaco

abe

flamingo

flamingo

papagaio

papegøje

urso polar

isbjørn

pinguim

pingvin

tubarão

haj

pavão

påfugl

cobra

slange

crocodilo

krokodille

guarda do jardim zoológico

dyrepasser

foca

sæl

jaguar

jaguar

pónei

pony

leopardo

leopard

hipopótamo

flodhest

girafa

giraf

águia

ørn

javali

vildsvin

peixe

fisk

tartaruga

skildpadde

morsa

hvalros

raposa

ræv

gazela

gazelle

futebol americano
amerikansk football

ciclismo
cykling

ténis
tennis

basquetebol
basketball

natação
svømning

hóquei no gelo
ishockey

boxe
boksning

futebol
fodbold

badminton
badminton

atletismo
atletik

andebol
håndbold

esqui
skiløb

polo
polo

atividades
aktiviteter

saltar
springe
abraçar
give et knus
rir
grine
andar
gå
cantar
synge
sonhar
drømme
rezar
bede
beijar
kysse

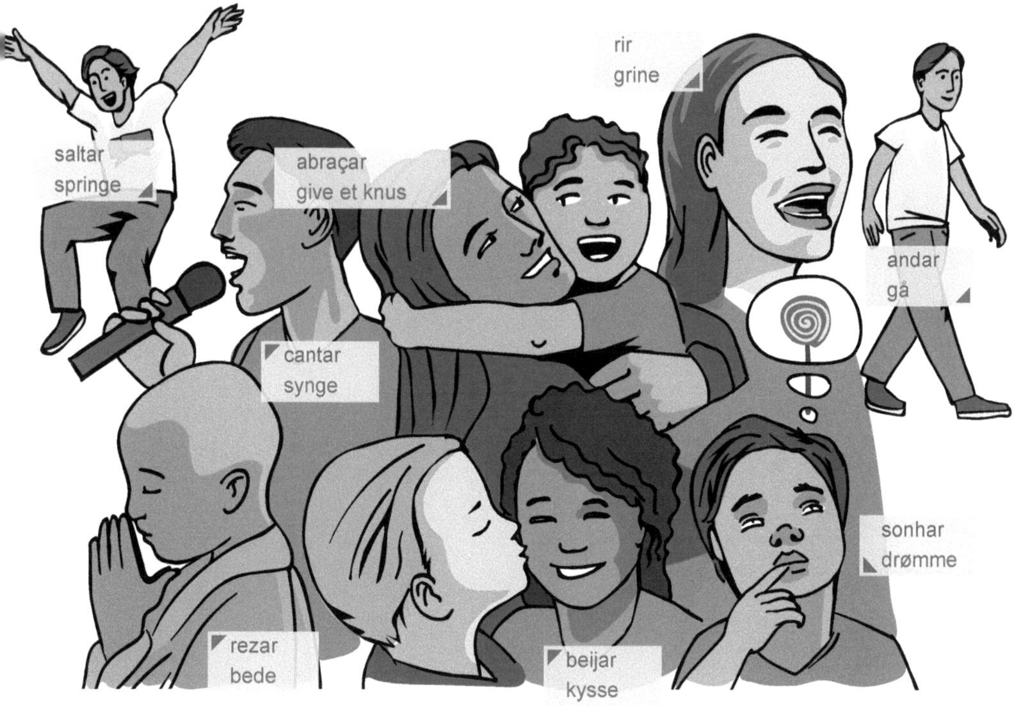

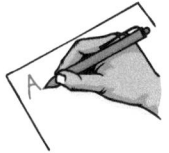

escrever
skrive

desenhar
tegne

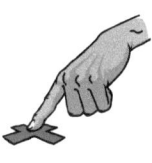

mostrar
vise

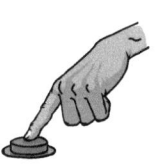

empurrar
skubbe

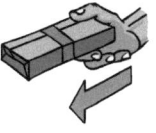

dar
give

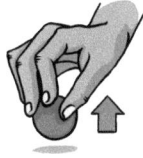

tomar
tage

ter
have

fazer
gøre

ser
være

ficar de pé
stå

correr
løbe

puxar
trække

remessar
kaste

cair
falde

deitar
ligge

esperar
vente

carregar
bære

sentar
sidde

vestir
tage på

dormir
sove

acordar
vågne

olhar para

se på

chorar

græde

acariciar

ae

pentear

kæmme

falar

tale

compreender

forstå

perguntar

spørge

ouvir

høre

beber

drikke

comer

spise

arrumar

rydde op

amar

elske

cozinhar

koge

conduzir

køre

voar

flyve

velejar

sejle

calcular

regne

ler

læse

aprender

lære

trabalhar

arbejde

casar

gifte sig med

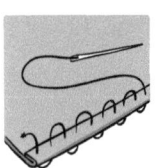

costurar

sy

escovar os dentes

børste tænder

matar

dræbe

fumar

ryge

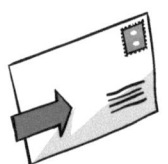

enviar

sende

avó
bedstemor

avô
bedstefar

pai
far

mãe
mor

bebé
baby

filha
datter

filho
søn

convidado

gæst

tia

tante

tio

onkel

irmão

bror

irmã

søster

corpo
krop

testa
pande
olho
øje
ombro
skulder
dedo
finger
cara
ansigt
queixo
hage
mão
hånd
perna
ben
peito
bryst
braço
arm

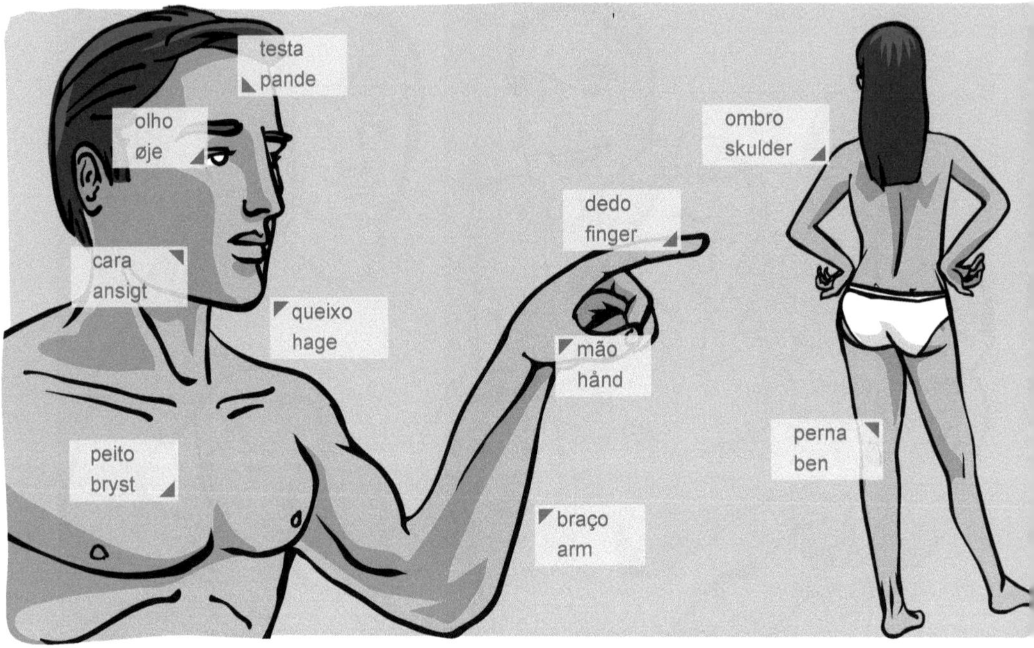

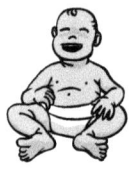

bebé

baby

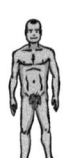

homem

mand

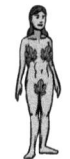

mulher

kvinde

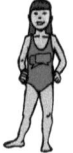

menina

pige

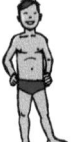

menino

dreng

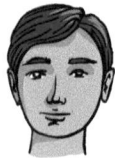

cabeça

hoved

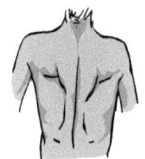

costas
ryg

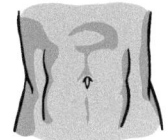

barriga
mave

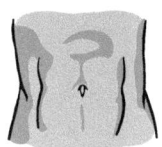

umbigo
navle

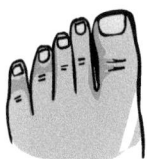

dedo do pé
tå

calcanhar
hæl

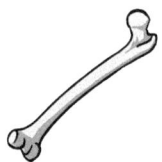

osso
knogle

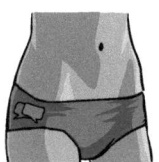

anca
hofte

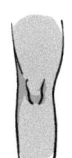

joelho
knæ

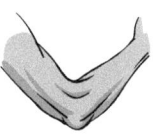

cotovelo
albue

nariz
næse

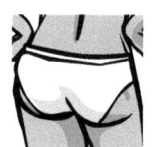

nádegas
bagdel

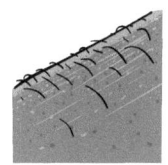

pele
hud

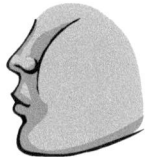

bochecha
kind

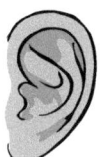

orelha
øre

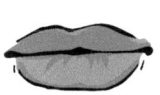

lábio
læbe

boca

mund

dente

tand

língua

tunge

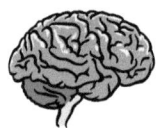

cérebro

hjerne

coração

hjerte

músculo

muskel

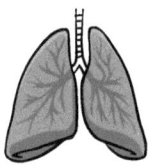

pulmão

lunge

fígado

lever

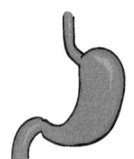

estômago

mavesæk

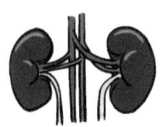

rins

nyrer

relações sexuais

sex

preservativo

kondom

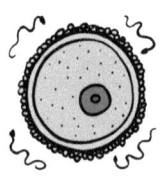

óvulo

ægcelle

esperma

sperm

gravidez

svangerskab

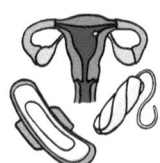

menstruação

menstruation

vagina

vagina

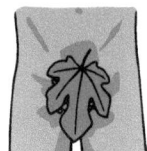

pénis

penis

sobrancelha

øjenbryn

cabelo

hår

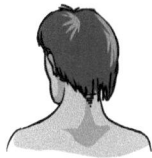

pescoço

hals

hospital
sygehus

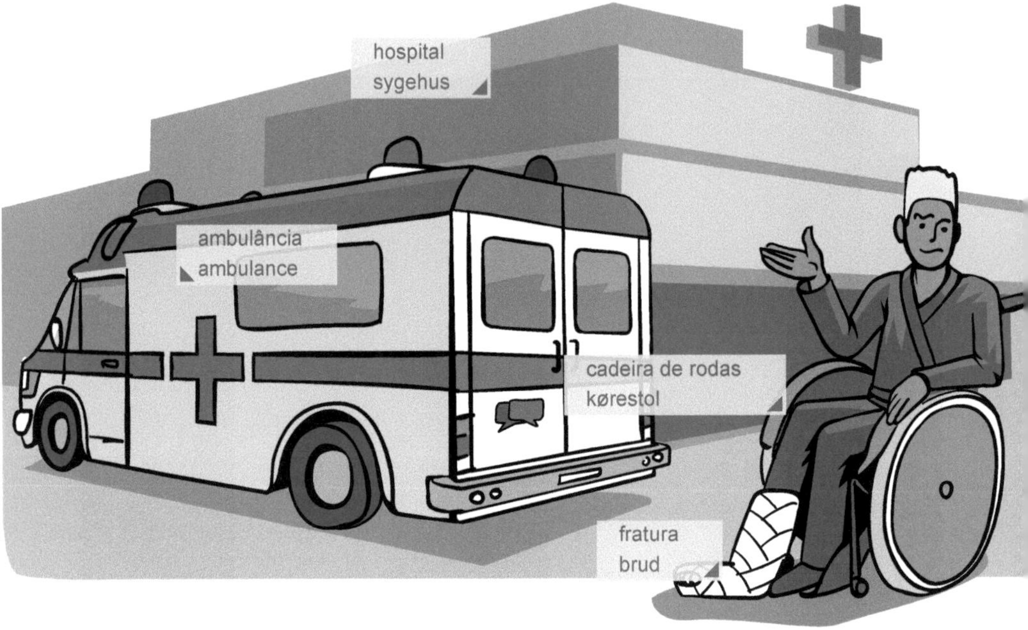

hospital
sygehus
ambulância
ambulance
cadeira de rodas
kørestol
fratura
brud

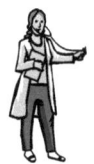

médico
læge

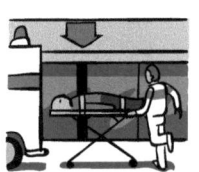

serviço de urgências
akutmodtagelse

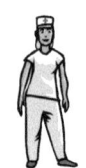

enfermeira
sygeplejerske

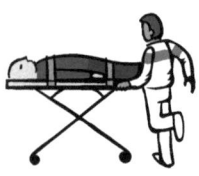

emergência
nødstilfælde

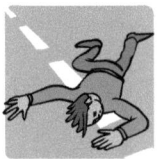

inconsciente
bevidstløs

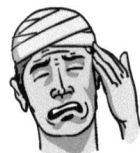

dor
smerte

ferimento

skade

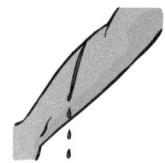

hemorragia

blødning

ataque cardíaco

hjerteinfarkt

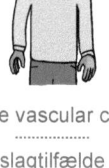

acidente vascular cerebral

slagtilfælde

alergia

allergi

tosse

hoste

febre

feber

gripe

influenza

diarreia

diarré

dor de cabeça

hovedpine

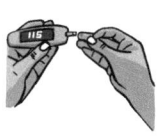

cancro

kræft

diabetes

diabetes

cirurgião

kirurg

bisturi

skalpel

operação

operation

CT
CT

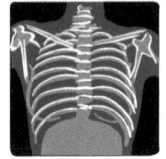

raio x
røntgen

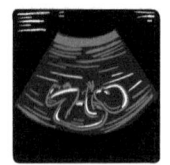

ultrassom
ultralyd

máscara
maske

doença
sygdom

sala de espera
venteværelse

muleta
krykke

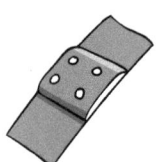

penso rápido
plaster

ligadura
forbinding

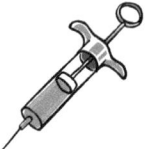

injeção
injektion

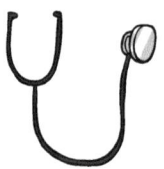

estetoscópio
stetoskop

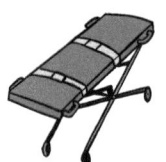

maca
båre

termómetro
termometer

nascimento
fødsel

excesso de peso
overvægt

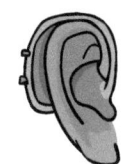

aparelho auditivo

høreapparat

desinfetante

desinficerende middel

infeção

infektion

vírus

virus

HIV / SIDA

HIV / AIDS

medicamento

medicin

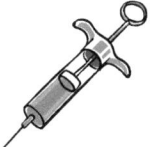

vacinação

vaccination

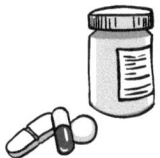

comprimidos

tabletter

pílula

pille

chamada de emergência

nødopkald

dispositivo de medição de
pressão arterial

blodtryksmåler

doente / saudável

syg / rask

Socorro!

Hjælp!

alarme

alarm

assalto

overfald

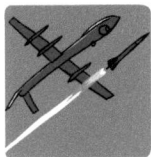

ataque

angreb

perigo

fare

saída de emergência

nødudgang

Fogo!

Det brænder!

extintor de incêndios

ildslukker

acidente

uheld

estojo de primeiros socorros

førstehjælps-kuffert

SOS

SOS

polícia

politi

Europa

Europa

América do Norte

Nordamerika

América do Sul

Sydamerika

África

Afrika

Ásia

Asien

Austrália

Australien

Atlântico

Atlanterhavet

Pacífico

Stillehavet

Oceano Índico

Indiske Ocean

Oceano Antártico

Sydlige Ishav

Oceano Ártico

Ishav

Polo Norte

Nordpol

Polo Sul

Sydpol

Antártica

Antarktis

terra

Jorden

país

land

mar

hav

ilha

ø

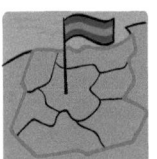

nação

nation

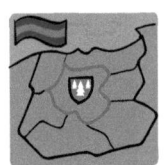

estado

stat

mostrador do relógio

urskive

ponteiro das horas

timeviser

ponteiro dos minutos

minutviser

ponteiro dos segundos

sekundviser

Que horas são?

Hvad er klokken?

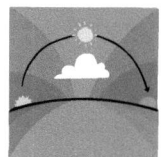

dia

dag

tempo

tid

agora

nu

relógio digital

digitalur

minuto

minut

hora

time

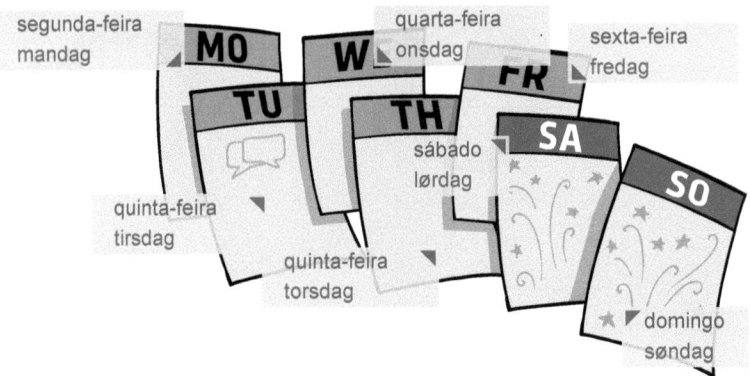

segunda-feira
mandag

quarta-feira
onsdag

sexta-feira
fredag

quinta-feira
tirsdag

sábado
lørdag

quinta-feira
torsdag

domingo
søndag

ontem

i går

hoje

i dag

amanhã

i morgen

manhã

morgen

meio-dia

middag

entardecer

aften

dias úteis

arbejdsdage

fim de semana

weekend

ano

år

chuva
regn
arco-íris
regnbue
vento
vind
neve
sne
primavera
forår
verão
sommer
outono
efterår
inverno
vinter

4.APRIL 11°
5.APRIL 4°
6.APRIL 13°
7.APRIL 8°
8.APRIL 10°

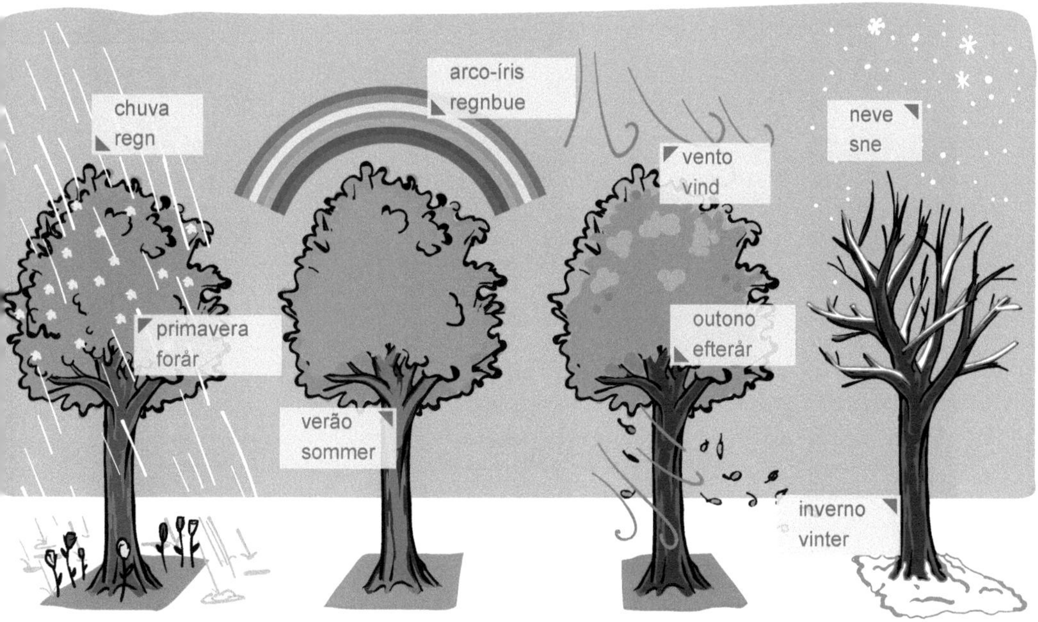

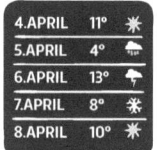

previsão do tempo

vejrudsigt

F C
120 40
90 30
60 20
30 10
0 0
-30 -10
-20

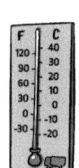

termómetro

termometer

raios de sol

solskin

nuvem

sky

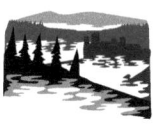

neblina / nevoeiro

tåge

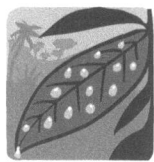

humidade do ar

luftfugtighed

relâmpago
lyn

trovão
torden

tempestade
storm

granizo
hagl

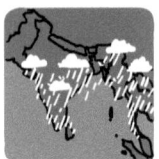

monção
monsun

inundação
flod

gelo
is

janeiro
januar

fevereiro
februar

março
marts

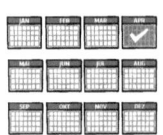

abril
april

maio
maj

junho
juni

julho
juli

agosto
august

ano - år

setembro
september

outubro
oktober

novembro
november

dezembro
december

formas
former

círculo
cirkel

quadrado
kvadrat

retângulo
firkant

triângulo
trekant

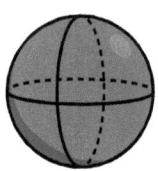

esfera
kugle

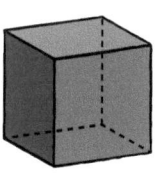

cubo
terning

branco

hvid

amarelo

gul

laranja

orange

rosa

pink

vermelho

rød

lilás

lilla

azul

blå

verde

grøn

castanho

brun

cinzento

grå

preto

sort

muito / pouco

meget / lidt

furioso / calmo

rasende / fredelig

lindo / feio

smuk / grim

princípio / fim

begyndelse / slut

grande / pequeno

stor / lille

claro / escuro

lys / mørk

irmão / irmã

bror / søster

limpo / sujo

ren / snavset

completo / incompleto

fuldkommen / ufuldkommen

dia / noite

dag / nat

morto / vivo

død / levende

largo / estreito

bred / smal

comestível / não comestível

spiselig / uspiselig

mau / gentil

vred / venlig

entusiasmado / entediado

ophidset / kedet

gordo / magro

tyk / tynd

primeiro / último

først / sidst

amigo / inimigo

ven / fjende

cheio / vazio

fuld / tom

duro / macio

hård / blød

pesado / leve

tung / let

fome / sede

sult / tørst

doente / saudável

syg / rask

ilegal / legal

illegal / legal

inteligente / burro

intelligent / dum

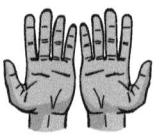

esquerda / direita

venstre / højre

perto / longe

nær / fjern

novo / usado
ny / brugt

nada / algo
intet / noget

velho / jovem
gammel / ung

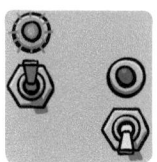

ligado / desligado
tændt / slukket

aberto / fechado
åben / lukket

baixo / alto
stille / højt

rico / pobre
rig / fattig

certo / errado
rigtig / forkert

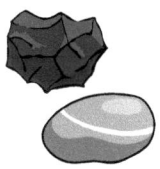

áspero / liso
ru / glat

triste / feliz
ked af det / lykkelig

curto / longo
kort / lang

lento / rápido
langsom / hurtig

molhado / seco
våd / tør

ameno / fresco
varm / kold

guerra / paz
krig / fred

0

zero

nul

1

um

en

2

dois

to

3

três

tre

4

quatro

fire

5

cinco

fem

6

seis

seks

7

sete

syv

8

oito

otte

9

nove

ni

10

dez

ti

11

onze

elleve

12

doze

tolv

13

treze

tretten

14

catorze

fjorten

15

quinze

femten

16

dezasseis

seksten

17

dezassete

sytten

18

dezoito

atten

19

dezanove

nitten

20

vinte

tyve

100

cem

hundrede

1.000

mil

tusinde

1.000.000

milhão

million

sprog

inglês

engelsk

inglês americano

amerikansk engelsk

chinês mandarim

kinesisk mandarin

hindi

hindi

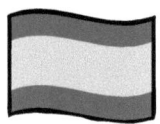

espanhol

spansk

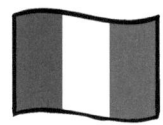

francês

fransk

árabe

arabisk

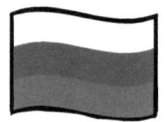

russo

russisk

português

portugisisk

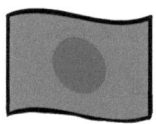

bengalês

bengalsk

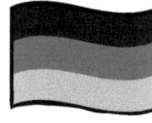

alemão

tysk

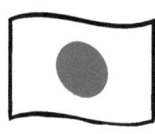

japonês

japansk

eu

jeg

tu

du

ele / ela

han / hun / den / det

nós

vi

vós

I

eles / elas

de

quem?

hvem?

o quê?

hvad?

como?

hvordan?

onde?

hvor?

quando?

hvornår?

nome

navn

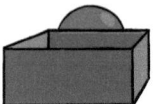

atrás

bag

em

i

à frente de

foran

sobre

over

em cima

på

debaixo

under

ao lado

ved siden af

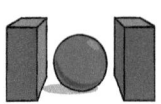

entre

imellem

lugar

sted